W0088415

JIM BERG

ERSTE HILFE
IN SCHWIERIGEN ZEITEN

VIER GRUNDSÄTZE
ZUR BEWÄLTIGUNG
VON KRISEN

Originaltitel: *When Trouble Comes*
Copyright © 2002 by BJU Press, Greenville, South Carolina 29614
All rights reserved.
Authorisierte Übersetzung der englisch-sprachigen Version von BJU
Press. Alle Rechte vorbehalten.

CMV-Bestellnummer: 701321
ISBN: 978-3-86701-321-5

Autor: Jim Berg
© 2013 deutsche Ausgabe:
Christlicher Missions-Verlag e.V., 33729 Bielefeld
Übersetzung und Satz: CMV
Printed in Germany

Inhaltsverzeichnis

Widmung

Am 11. September 2001 wurde Amerika durch einen
schrecklichen Terroranschlag erschüttert. An diesem
Tag verloren tausende Menschen ihr Leben in den
Trümmern des Welthandelszentrums in New York
und im Pentagon in Washington, D.C.

Dieses Buch ist den Familien und Freunden gewidmet,
die an diesem schrecklichen Tag ihre geliebten Freunde
oder Familienmitglieder verloren haben. Mögen sie in
diesem kurzen Buch die Hoffnung finden, die sie in
diesen unruhigen Zeiten brauchen.

Einleitung

Wahrscheinlich liest du dieses Buch, weil du eine schwere Zeit durchmachst – oder weil du jemandem helfen möchtest, der selbst gerade in einer Krise steckt. Vielleicht willst du dich aber auch besser auf die nächste Schwierigkeit vorbereiten, die dir auf deinem Weg begegnen mag. Wenn eines davon zutrifft, dann ist dieses Buch genau richtig für dich.

Natürlich kann sich ein so kleines Buch nicht mit jedem Problem des Lebens befassen, aber es kann dir doch helfen, in dem Durcheinander des Lebens zu erkennen, worauf es wirklich ankommt. Stelle dir die vier Grundsätze, die wir in diesem Buch besprechen werden, als eine Art Anleitung zur geistlichen „Ersten-Hilfe" vor. Diese Anleitung kann dir helfen, dich selbst oder andere Menschen in Krisenzeiten geistlich zu stabilisieren.

Diese vier Grundsätze kannst du in Krisenzeiten als eine Art „Checkliste" benutzen. Dazu solltest du sie stets abrufbereit im Gedächtnis haben – gerade so wie ein Notarzt im Notfall genau wissen muss, was zu tun ist, ohne erst Bücher studieren zu müssen. Zu diesem Zweck stehen diese Grundsätze zusammengefasst am Ende des Buches, sodass du sie kopieren und mitnehmen kannst. Vielleicht möchtest du sie sogar irgendwo zur täglichen Erinnerung in deiner Wohnung oder in deinem Auto anbringen, um dir einzuprägen, wie du den Krisen des Lebens begegnen kannst.

Lies, nachdem du das ganze Buch gelesen und dir einen Überblick verschafft hast, die sieben Kapitel noch einmal – vielleicht ein Kapitel am Tag – und beantworte für jedes Kapitel die „Nimm dir Zeit zum Reflektieren" Fragen im Anhang des Buches. Diese zusätzliche Reflektion wird die Auswirkungen dieser Grundsätze auf dein Leben steigern.

Möge Gott dich dabei segnen, seine Grundsätze in Zeiten der Not anzuwenden.

1
Die Krise

Die Symbole, die du auf dieser Seite siehst, sind chinesische Schriftzeichen, die zusammen das Wort „Krise" darstellen. Das obere Zeichen repräsentiert das Wort „Gefahr" und das untere Zeichen steht für „Chance" (bzw. Möglichkeit, Gelegenheit). Gemeinsam formen sie ein kräftiges Wortbild.

危
机

Jede Krise birgt die Möglichkeit einer großen Gefahr, aber auch die Möglichkeit auf eine erfreuliche Veränderung. Unser Ziel in einer Krise muss es sein, der Gefahr der Situation zu entkommen und die Chance zu ergreifen.

Es ist eine wundervolle Wahrheit über das Leben mit unserem Schöpfer, dass Er uns vor den Gefahren der Wut und Bitterkeit, der Verzweiflung und Hoffnungslosigkeit oder der Angst und Sorge beschützen kann. Er kann die scheinbar schreckliche Situation in eine Chance zu unseren Gunsten und zu seiner Ehre verändern. Das ist, was der Apostel Paulus meinte, als er in 1. Korinther 10,13 schrieb: „Es hat euch bisher nur menschliche Versuchung betroffen.

Gott aber ist treu; er wird nicht [erlauben][1], dass ihr über euer Vermögen versucht werdet, sondern er wird zugleich mit der Versuchung auch den Ausgang schaffen, so dass ihr sie ertragen könnt."

Das Wort „Versuchung" meint hier eine Prüfung, die Gott sendet, um etwas Gutes oder Schlechtes im Herzen eines Menschen aufzudecken. Jede Prüfung des Lebens – jede Krise – birgt eine potentielle Gefahr, der wir nicht „entkommen" können, wenn wir falsch auf sie reagieren; zugleich bietet sie aber auch eine Möglichkeit zu zeigen, wie groß Gott ist, wenn wir richtig auf sie reagieren.

Eine Krisenfibel

Die Bibel ist voll von Anweisungen, die uns helfen, schwierige Zeiten zu bewältigen. Sie gibt viele Beispiele von Menschen, die leiden mussten. Wie du vielleicht weißt, musste der alttestamentliche Patriarch Hiob vielen qualvollen Problemen ins Angesicht schauen. In nur wenigen Stunden verlor er seinen ganzen Hof – seine ganze Viehhaltung und alle Getreidefelder. Durch einen Hauseinsturz während eines heftigen Sturms starben alle

---

1   Wann immer Wörter in einem Bibeltext in Klammern stehen, bedeutet das, dass ich einige Wörter hinzugefügt oder ersetzt habe, um die Bedeutung des Verses weiter zu erklären.

seine Kinder. Kurz darauf verlor er seine Gesundheit und sein Körper war nun mit schmerzhaften Geschwüren übersät (vgl. Hiob 1,1–2,7).

Das Leben wurde so schwer, dass seine Frau ihn drängte: „Sage dich los von Gott und stirb" (Hiob 2,9). Auch seine Freunde waren ihm keine große Hilfe. Sie versuchten ihn davon zu überzeugen, dass Gott ihn für irgendeine verborgene Sünde richten wollte. Die Tatsachen offenbaren jedoch, dass Hiob rechtschaffener war, als irgend ein anderer Mensch auf Erden. Als sein Leiden aber immer noch nicht endete, wurde er sehr niedergeschlagen.

Während eines Gesprächs mit seinen nicht hilfreichen Freunden sagte Hiob: „Sondern der Mensch ist zum Unglück geboren, wie die Funken nach oben fliegen" (Hiob 5,7). Er erkannte, dass genauso wie die Funken eines Lagerfeuers mit dem Rauch aufsteigen, ein Mensch mit Sicherheit viele Schwierigkeiten in seinem Leben erleben wird. Zum Ende des Buches, das seinen Namen trägt, hat Hiob jedoch gelernt, wie er Schwierigkeiten geschickt und frohen Mutes in den Griff bekommen kann.

Viele Psalmen wurden von Israels König David in sehr schweren Zeiten seines Lebens geschrieben. Die Propheten der Bibel bekamen viel Widerstand seitens ihrer Zuhörerschaft zu spüren. Sogar Jesus Christus war „ein Mann der Schmerzen und mit Leiden vertraut" (Jesaja 53,3). Die neutestamentlichen Christen erduldeten heftige

Verfolgungen seitens der ungläubigen Welt um sie herum. Genau genommen wurden zwei ganze Bücher des Neuen Testaments – Jakobus und 1. Petrus – insbesondere für leidende Christen geschrieben. Es gibt also für uns viele Hilfen in der Bibel, die uns zeigen, wie man mit Krisen- und Leidenszeiten umgeht.

Schwierige Zeiten haben viele Gesichter

Denke einmal mit mir über die vielen Arten von Problemen nach, die uns heutzutage begegnen. Die Schwierigkeiten kommen aus vielen Quellen und können uns in verschiedener Weise betreffen.

- Ein Ehemann ist unheilbar an Krebs erkrankt. Innerhalb weniger Monate hinterlässt er seine Frau als Witwe und seine Kinder vaterlos.
- Eine unverheiratete Tochter erzählt ihren Eltern, dass sie schwanger ist und läuft mit ihrem Freund davon.
- Ein jugendlicher Sohn wird beim Ladendiebstahl erwischt, verhaftet und anschließend von der Schule verwiesen.
- Eine Frau verkündet ihrem Mann, dass sie ihn verlassen will, weil sie mit einem ihrer Kollegen durchgebrannt ist.
- Eine Frau entdeckt, dass ihr Mann tief in Internet-

pornografie verstrickt ist, oder dass er ihre zehn Jahre alte Tochter missbraucht hat.

- Ein junges Paar verliert ihr erstgeborenes Kind durch eine Fehlgeburt. Ein zweites Kind wird zwei Jahre später geboren, hat aber schwerwiegende Geburtsfehler, die das tägliche Leben sehr schwer machen.

- Ein Geschäftsmann findet heraus, dass sein Geschäftspartner ihm Gewinne vorenthalten hat, die eigentlich gleichmäßig verteilt werden sollten. Die Tat wurde zwar legal in schwammiger Amtssprache verheimlicht, war aber nichtsdestotrotz ethisch falsch.

- Ein Mann entdeckt die Spielsucht seiner Frau, als ihre Kreditkarten bis zum Limit ausgeschöpft sind. Sie weigert sich zuzugeben, dass es ein ernsthaftes Problem ist und besteht darauf, dass, wenn er die Familie besser versorgen würde, die Rechnungen kein Problem darstellen sollten.

- Ein Student, dessen Vater ihm versprach für das Zimmer, die Miete und die Studiengebühren aufzukommen, bekommt die Nachricht, dass sein Vater gekündigt wurde. Der junge Mann bleibt auf unerwarteten Schulden von mehreren tausend Euro sitzen.

- Eine Familie, die finanziell schon ziemlich strapaziert ist, wacht eines Morgens auf und stellt fest, dass ein Abwasserkanal ihres Hauses verstopft und das Erdgeschoss bereits überflutet ist. Die Kosten für die

Reparatur des Kanals und den Wechsel des Bodenbelags gehen in die Tausende. Ihre Versicherung wird nicht für den Schaden aufkommen.

- Ein 50-jähriger Fabrikarbeiter wird wegen seines provokativen Temperaments gefeuert. Seine Frau und Kinder fürchten, dass er wegen seines schlechten Arbeitszeugnisses nicht in der Lage sein wird eine andere Arbeitsstelle zu finden.

Natürlich könnte diese Liste immer weiter gehen. Wir können klar erkennen, dass die Probleme in verschiedensten „Geschmacksrichtungen" auftreten können. Manche der Probleme des Lebens sind von kurzer Dauer, andere bleiben dauerhaft. Manche Probleme werden durch andere Menschen verursacht, andere sind von uns selbst herbeigeführt.

Wir müssen erkennen, dass jedes dieser Probleme eine Gefahr birgt und gleichzeitig eine begleitende Möglichkeit bietet, Gott bei der Arbeit zu sehen und anderen seine Größe zu zeigen.

Wir müssen auch verstehen, dass, wenn wir auf eine Krise falsch reagieren, die Situation noch komplizierter werden kann. Finanzielle Probleme können noch größer werden, wenn falsche Entscheidungen getroffen werden. Angespannte Beziehungen können zerstört werden, wenn die Partner selbstsüchtig handeln. Lebensbedrohliche

Krankheiten von Freunden und Familienmitgliedern können ausarten, wenn sie sich weigern, mit ihren Ärzten zusammenzuarbeiten.

Es ist also wichtig, dass wir unser Problem genau erkennen und richtig darauf regieren. Gott hat uns gnädigerweise eine große Hilfe dafür gegeben, Krisen richtig anzugehen. Die folgenden Kapitel werden die Grundlagen für uns skizzieren.

Die Prüfung der Freude

Wie bereits erwähnt, wurden die neutestamentlichen Briefe Jakobus und 1. Petrus an leidende Menschen geschrieben. Sie bieten uns viele Orientierungshilfen für Probleme. Eines der ersten Dinge, die wir in beiden Briefen sehen können, ist, dass wir inmitten von riesigen Problemen große Freude haben können. Beachte folgende Verse:

„Gelobt sei der Gott und Vater unseres Herrn Jesus Christus, der uns aufgrund seiner großen Barmherzigkeit wiedergeboren hat zu einer lebendigen Hoffnung durch die Auferstehung Jesu Christi aus den Toten [...] [Es ist die Hoffnung in der ihr euch] dann [...] jubelnd freuen [werdet], die ihr jetzt eine kurze Zeit, wenn es sein muss, traurig seid in mancherlei Anfechtungen." (1. Petrus 1,3.6)

„Meine Brüder, achtet es für lauter Freude, wenn ihr

in mancherlei Anfechtungen geratet, da ihr ja wisst, dass die Bewährung eures Glaubens standhaftes Ausharren bewirkt. Das standhafte Ausharren aber soll ein vollkommenes Werk haben, damit ihr vollkommen und vollständig seid und es euch an nichts mangelt." (Jakobus 1,2-4)

Die Freude und die Fröhlichkeit von der in diesen Versen gesprochen wird, ist keine oberflächliche Albernheit inmitten einer Tragödie. Auch ist es nicht dasselbe wie „Positives Denken". Biblische Freude ist die Freude, die von einer größeren Vertrautheit mit Gott inmitten der Sorgen und Probleme ausgeht. Sie ist das direkte Ergebnis einer gesteigerten Nachfolge Gottes. Sie wird die „Frucht des Geistes" genannt, da sie auf übernatürliche Weise durch Gottes Geist erzeugt wird (Galater 5,22-23). Sie ist nicht etwas, was wir aus uns selbst hervorbringen können.

Die Anwesenheit bzw. Abwesenheit dieser Freude zeigt, ob wir die Prüfung durch eine Krise in der richtigen Weise angehen. Unser Vorbild ist Jesus Christus, der große Freude darin verspürte, den Willen seines Vaters zu tun, obwohl er die körperlichen Qualen der Kreuzigung erleiden musste. Die Bibel sagt (Hebräer 12,1–2): „Da wir nun eine solche Wolke von Zeugen um uns haben, so lasst uns jede Last ablegen und die Sünde, die uns so leicht umstrickt, und lasst uns mit Ausdauer laufen in dem Kampf, der vor uns liegt, indem wir hinschauen auf Jesus, den Anfänger und Vollender des Glaubens, der um der vor ihm liegenden

Freude willen das Kreuz erduldete und dabei die Schande für nichts achtete."

Christus schaute auf die Freude, einst wieder im „Haus" des Vaters sein zu können, die kommende Hochzeit mit seiner Braut, der Gemeinde, abzuwarten, für die er gestorben ist um sie zu erretten. Der kommende Tag seiner Wiederkunft ist für ihn genauso eine „glückselige Hoffnung", wie für uns (vgl. Titus 2,13).

Da Jesus Christus all die unerträglichen Leiden des Lebens auf einer gefallenen Erde ertrug, kann er der beste Tröster sein, wenn Probleme kommen. Er fühlt die Leiden die wir durchmachen nicht nur, er ist auch bereit uns in Zeiten der Not zu helfen. Die Bibel sagt (Hebräer 4,15–16): „Denn wir haben nicht einen Hohenpriester [gesprochen wird von Jesus Christus], der kein Mitleid haben könnte mit unseren Schwachheiten, sondern einen, der in allem versucht worden ist in ähnlicher Weise [wie wir], doch ohne Sünde. So lasst uns nun mit Freimütigkeit hinzutreten [durch Gebet] zum Thron der Gnade [wo Jesus gerade jetzt im Himmel sitzt], damit wir Barmherzigkeit erlangen [Vergebung unserer Sünde] und Gnade finden zu rechtzeitiger Hilfe."

Diese Verse sagen aus, dass Jesus Christus jedes mögliche Problem erlebte, das uns treffen kann. Er ist sehr verständnisvoll für die Schwierigkeiten, die wir erleben. Und weil er ein liebender Gott ist, wird er seine Macht in

Zeiten der Not zu unserer Hilfe gebrauchen. Er verspricht nicht, uns vor ungünstigen Umständen zu erlösen, sondern vor falschen Reaktionen, also vor den Gefahren, die unsere Freude zerstören und seine Ehre rauben wollen (vgl. 1. Korinther 10,13).

Lasst uns mit diesem Gedanken im Sinn damit beginnen, auf die Gefahren zu schauen, die Probleme hervorrufen können. Welche Gefahren können sich in unseren Krisen verbergen? Wie können wir aus diesen Gefahren gerettet werden?

2
Die Gefahr

Peggy's Problem

Peggy wartete bereits vor meinem Büro, als ich eines Morgens dort ankam. Ihre geschwollenen Augen verrieten mir, dass sie schon eine Weile geweint hatte. Sie brach in Tränen aus, als ich sie herein bat und sie aufforderte, mir zu erzählen, was mit ihr nicht stimmte. Peggy erzählte mir, dass sie in der vorigen Nacht auf ihrem Familiencomputer den Beweis gefunden hatte, dass ihr Ehemann, Bill, pornografische Internetseiten besucht hatte.[2]

Sie hatte bislang noch nicht mit Bill darüber gesprochen. Sie sagte, dass sie bereits zehn Jahre zuvor, als sie gerade frisch verheiratet waren, pornografische Hefte im Kofferraum des Autos fand und durch ihre Art, das Problem anzugehen, die Ehe fast zerstört hatte. Sie wollte diesen Fehler nicht erneut begehen. Beide machten seit dieser schlimmen Zeit beachtliche Fortschritte im geistlichen

---

2 Peggy und Bill sind nicht die richtigen Namen dieses Ehepaares. Ihre Namen und einige Details wurden geändert um ihre Identität zu schützen.

Leben. Die Entdeckung überraschte Peggy also wirklich. Sie wollte gern wissen, wie sie richtig und Gott wohlgefällig reagieren sollte, bevor sie mit Bill sprach. Peggys Sorge um die richtige Reaktion war äußerst wichtig.

Das bringt uns zu unserem ersten Grundsatz auf der „Erste-Hilfe Checkliste":

Grundsatz Nr. 1:
Die größte Gefahr ist immer das Fleisch.

Der Begriff „Fleisch" mag dir vielleicht ungewöhnlich erscheinen. Die Bibel benutzt den Begriff „Fleisch", wenn sie den sündhaften Teil von uns Menschen beschreibt, der das Leben selber bestimmen möchte – ohne Gott. Wenn ein Mensch „gemäß dem Fleisch" lebt (Römer 8,5), geht er das Leben so an, wie er es gerne möchte anstatt es so anzugehen, wie Gott es möchte. Das Ergebnis dieser Selbstsucht ist immer zerstörerisch (vgl. Galater 6,7-8).

Infiziere nicht die Wunde!

Im Dezember 1998 hatte ich eine vierfache Beipass-Operation. Als ich in den OP-Saal geschoben wurde und mich umsah, sah ich zwei Krankenpfleger, die Pakete mit sterilen Instrumenten öffneten. Sie legten diese sehr sorgfältig auf zwei Tischen neben dem Operationstisch aus. Der Anästhesist machte mich für die Operation fertig. Alle trugen sterile Operationshandschuhe, Kittel und Masken. Jede denkbare Vorkehrung wurde getroffen, damit die Operation nicht durch eine Infektion der Wunde durch verunreinigte Instrumente oder Menschen unnötig kompliziert wird.

Genauso wie Verunreinigungen eine Wunde infizieren, macht eine fleischliche – eine egoistische – Reaktion jede Krise nur schlimmer und komplizierter. Natürlich war Peggy verletzt und verängstigt, nachdem sie den pornografischen Lüsten ihres Ehemannes auf die Schliche kam. Aber sie wusste, dass wenn sie in egozentrischer Wut und Bitterkeit reagierte, sie ihren Ehemann weiter befremden, und die Versöhnung zwischen Bill und Gott und zwischen Bill und ihr selbst nur noch schwieriger machen würde.

Sie könnte ihm natürlich ständig zusetzen, ihn mit Abscheu und Geringschätzung behandeln, oder vor ihren Freundinnen schlecht über ihn reden. Oder sie könnte seine Lüste einfach ignorieren und hoffen, dass es vorüber geht. (In einer anderen ähnlichen Situation rächte sich eine verbitterte Ehefrau damit, Kreditkarten zu überziehen. Sie argumentierte: „Wenn er seine Lüste haben kann, dann kann ich meine haben!" Ihre selbstsüchtige Reaktion verschlimmerte die Probleme ihrer Ehe nur noch zusätzlich.)

Peggy wusste, dass sie das Problem weder ignorieren, noch mit „unreinen Händen" angreifen konnte. Sie wollte sicher gehen, dass sie den richtigen Weg nimmt – Gottes Weg.

Der Apostel Jakobus gibt genaue Anweisungen, mit Prüfungen richtig umzugehen. Er ruft uns zur Selbstprüfung auf. In Jakobus 4,8 schreibt er: „reinigt die Hände, ihr Sünder, und heiligt eure Herzen, die ihr geteilten Herzens seid!"

Jesus selbst rät uns, „geistliches Holzfällen" zu betreiben, um den Balken aus dem eigenen Auge zu entfernen, ehe wir versuchen den Splitter im Auge des anderen zu entfernen (Matthäus 7,3-5). Auch der Apostel Paulus erinnert uns daran, dass wir, wenn Menschen uns falsch behandelt haben, uns nicht „vom Bösen überwinden [lassen], sondern [...] das Böse durch das Gute [überwinden]!" (Römer 12,21). Wir können nicht erwarten, dass der Situation geholfen ist, wenn wir noch mehr Öl in das schon lodernde Feuer geben. Wenn wir so handeln, können wir es nur noch schlimmer machen.

Wenn wir die Situation mit „unreinen Händen" angreifen, können wir davon ausgehen, dass die „Infektion" ein

„Fieber" auslöst. Gewisse Symptome offenbaren, dass unser Herz durch das Fleisch verunreinigt wurde. Sie beinhalten die Dinge, die wir bereits als Gefahrenzeichen identifiziert haben:

- Wut und Bitterkeit
- Verzweiflung und Hoffnungslosigkeit
- Furcht und Sorge

Diese Symptome können gänzlich verhindert werden, wenn die Situation von Beginn an richtig in Angriff genommen wird. Wenn die Symptome auftreten, können sie, wie es in den nächsten zwei Kapiteln skizziert wird, gelöst werden.

Die größte Gefahr

Das größte Zeichen des Fleisches ist das bekannte Gift der Sturheit. Nichts verschmutzt eine Situation mehr als ein sturer Wille. Es ist genau das Gegenteil der Demut Jesu Christi. Obwohl seine irdischen Umstände Ablehnung, Spott, Missverständnis, Folter und schließlich den Tod beinhalteten, unterwarf sich Jesus dem Willen seines Vaters. Er war niemals starrköpfig.

Sturheit ist das größte Hindernis für das Glaubenswachstum. Der Apostel Petrus schrieb sogar, „Gott widersteht den [Sturen], aber den Demütigen gibt er [göttliche Hilfe]" (1. Petrus 5,5).

In Lukas 8 vergleicht Jesus die Herzen der Menschen mit den verschiedenen Arten des Bodens. Eine unproduktive Bodenart ist Felsenboden (Lukas 8,6.13). Von ein paar Zentimetern Muttererde bedeckt liegt das Grundgestein. Der Samen der Wahrheit fällt auf diesen Grund und wächst schnell. Er verwelkt genauso schnell wieder in der heißen Sonne, weil er keinen tiefen Boden für die Wurzeln hat. Ich glaube, dass dieses Grundgestein die Sturheit ist. Wir werden unter Belastung nicht fest stehen können, wenn wir die zugrunde liegende Sturheit unseres Lebens behalten, ganz egal wie viel gute Saat der Wahrheit in unserem Herzen gesät wurde.

Die Bibel bezieht sich immer wieder auf Sturheit, wenn sie von ganz unterschiedlichen Begriffen spricht. In Jakobus 1 wird sie „geteiltes Herz" genannt und der Apostel schreibt, dass der Mensch mit geteiltem Herzen „einer Meereswoge [gleicht], die vom Wind getrieben und hin- und hergeworfen wird." (Jakobus 1,6-8). Unser „geteiltes Herz" kehrt stur auf unserem eigenen Weg zurück auch wenn es weiß, dass es mit Gottes Weg uneins ist.

Wenn unsere Probleme von anderen Menschen verursacht werden, denken wir oft, dass wir alles dadurch stabilisieren können, wenn wir nur die andere Person dazu bewegen können, sich zu verändern. Wir haben aber unglücklicherweise – oder vielleicht sogar glücklicherweise – keine Kontrolle über andere Menschen. Die einzige Person, die wir kontrollieren können, sind wir selbst. Es ist für uns entscheidend zu verstehen, dass keine Entscheidung irgendeiner anderen Person unseren inneren Menschen – unser Herz – zerstören kann. Wir sind die einzigen, die unser eigenes Herz zerstören können.

Wenn wir bitter, wütend, ängstlich, sorgenvoll werden oder die Hoffnung verlieren, ist es ganz unser eigenes Tun. Wir haben dann dem Egoismus erlaubt, in unserem Herzen zu regieren und es zu verunreinigen. Sich mit jedem dieser einzelnen „Viren" zu beschäftigen würde den Rahmen dieser kurzen Ausarbeitung sprengen. Wichtig für uns ist zunächst, zu verstehen, dass die größte Gefahr immer das Fleisch ist.[3]

Auch wenn es vielleicht andere Menschen waren, die in uns die Wunde erzeugt haben, sind wir doch für unseren Umgang mit dieser Wunde selbst verantwortlich. Es besteht überhaupt keine Frage, dass Bill die Wunde in Peggy erzeugt hat, doch Peggy ist für ihre Reaktion darauf verantwortlich. Sie kann selbstsüchtig reagieren, indem sie daran denkt wie Bill sie betrogen und ihr Leben nur

---

3   Einen biblischen Bericht über einen Mann der fälschlicherweise leiden musste und doch die richtige Reaktion zeigte, finden wir in 1. Mose 37–50. Es ist der Bericht über einen hebräischen Jungen mit Namen Joseph, der von seinen Brüdern falsch behandelt, in die Sklaverei verkauft, fälschlicherweise für Vergewaltigung beschuldigt und ungerechterweise ins Gefängnis geworfen wurde. Seine richtige Reaktion erlaubte es ihm nicht nur, für zwei Nationen ein Segen zu werden, sondern sogar seine Brüder vor dem Verhungern zu retten, die ihn einst in die Sklaverei verkauft hatten.

noch schwieriger gemacht hat. Oder sie kann wie Christus reagieren, indem sie an den geistlichen Nöten anderer Menschen – in diesem Fall Bills – Interesse zeigt. Es war Jesus, der uns dazu aufforderte unseren Nächsten zu lieben. Er sagte (Matthäus 5,44): „Liebt eure Feinde, segnet, die euch fluchen, tut wohl denen, die euch hassen, und bittet für die, welche euch beleidigen und verfolgen."

Meinst du das ernst?

Es ist überhaupt keine Frage, dass es sehr hart ist, auf unsere Probleme in einer Christus ähnlichen Art zu reagieren. Es ist nicht natürlich für uns, für die, die uns falsch behandeln, zu beten, Gutes zu tun, sie zu segnen oder sie zu lieben. Es geht sogar gegen alles in unserer fleischlichen Natur. Aber unserem Egoismus nachzugeben wird nur noch größere Gefahr bringen.

Peggy wusste, dass eine falsche Reaktion auf die Situation gefährlich war. Ich hoffe, dass du jetzt auch siehst, dass es gefährlich ist, fleischlich zu reagieren. Für Peggy habe ich dann den Plan beschrieben, den wir in den nächsten zwei Kapiteln betrachten wollen. Gottes Plan ist es, unsere Reaktionen von der Fleischlichkeit zu reinigen, um diese Gefahr zu entfernen.

3
Der Plan

Eine Katze retten

Seit dem Angriff der Terroristen auf das Welthandels-
zentrum und das Pentagon am 11. September 2001 ist das
Ansehen der Polizei- und Feuerwehrkräfte enorm gestie-
gen. Wir haben viele Geschichten von den heldenhaften
Bemühungen dieser Männer und Frauen gehört, die sich in
den schrecklichen Stunden nach den Anschlägen bemühten,
so vielen Menschen wie möglich das Leben zu retten. Diese
unbesungenen Helden üben ihren Dienst tagtäglich in kleinen Dörfern und großen Städten des ganzen Landes aus. Sie
wurden dazu ausgebildet, Menschen aus Katastrophen zu
retten, wenn sie in schwierige Lagen geraten.

Die folgende Behauptung mag uns etwas lächerlich erscheinen: Jeder Feuerwehrmann, der in der Lage ist, einen

Menschen vom dritten Stockwerk eines brennenden Hauses zu retten, ist auch in der Lage, eine Katze vom einem Baum zu retten. Es sollte wohl selbstverständlich sein, dass, wenn der Feuerwehrmann jemanden aus großer Gefahr erretten kann, er erst recht auch jemanden aus geringerer Gefahr befreien kann.

Genau so kann der Gott, der uns aus Krisen unglaublichen Ausmaßes retten kann, uns genauso aus kleineren Problemen befreien.

Unsere größte Krise

Wir müssen uns also fragen: „Was ist die größte Krise, in die ein Mensch geraten kann?" Der durchschnittliche Mensch auf der Straße würde vielleicht antworten: „Meine Familie zu verlieren wäre meine größte Krise." Andere würden vielleicht antworten, dass der Verlust der Gesundheit ihre größte Krise wäre. Jesus selbst sagt uns, was die größte Krise ist, die einem Menschen begegnen kann. Er sagte (Matthäus 16,26): „Denn was hilft es dem Menschen, wenn er die ganze Welt gewinnt, aber sein Leben verliert? Oder was kann der Mensch als Lösegeld für sein Leben geben?"

Die größte Not eines Menschen besteht darin, seine Seele vom ewigen Verderben in der Hölle erretten zu lassen.

Jesus sprach oft über die Hölle – sogar noch öfter als über den Himmel. Er beschrieb sie als einen Platz der tatsächlichen und immerwährenden Qual. Er war so sehr besorgt darum, dass Menschen nicht in der Hölle leiden müssen, dass er sich selbst in den Tod gab, um uns Menschen die Rettung aus unserer größten Krise zu bringen.

Was sagt uns diese Tatsache in Bezug auf die verschiedenen Krisen unseres Lebens? Nun, die Antwort ist ganz einfach: Wenn du weißt, wie du von der größten Gefahr, die dir begegnen kann – von der ewigen Trennung von Gott aufgrund deiner Sünde – gerettet werden kannst, dann weißt du auch, wie du aus jeder anderen Gefahr einer zeitlichen Prüfung gerettet werden kannst!

Das bringt uns zum zweiten Grundsatz auf unserer „Erste-Hilfe Checkliste":

Grundsatz Nr. 2:
Das Evangelium ist immer
die Antwort.

Eine entscheidende Frage

Lass mich dir eine persönliche Frage stellen. Wenn du heute an einer unheilbaren Krankheit oder durch einen tragischen Unfall sterben und dann vor Gott stehen würdest, wie würdest du Gott dann auf die folgende Frage antworten: „Warum sollte ich dich in meinen Himmel lassen?"[4]

Manche Menschen glauben, dass Gott sie in den Himmel lassen sollte, da sie tief religiös waren und sich stets bemühten, die Zehn Gebote[5] einzuhalten. Andere Menschen glauben, dass sie in den Himmel kommen sollten, da sie nach der „Goldenen Regel" lebten[6] und ehrlich und moralisch korrekt im Umgang mit anderen waren. Im Grunde sagen sie, dass Gott sie in den Himmel lassen sollte, da sie in irgendeiner Weise gut waren.

Jesus sagte voraus, dass viele Menschen an diesem Tag zu ihm kommen und genau diese Dinge sagen werden. Er sagte auch, was er ihnen antworten wird: „Und dann werde

---

4   Überspringe dieses Kapitel nicht, wenn du ein wiedergeborener Christ bist. Die meisten Gläubigen erkennen nicht, dass „Errettung" von der aktuellen Krise durch denselben Plan verwirklicht wird, der uns auch das ewige Leben bringt. Sie haben Probleme, die zeitlichen Krisen des Lebens zu meistern. Überdenke dieses Kapitel im Gebet, auch wenn du schon seit einiger Zeit ein Christ bist. Diese Wahrheit muss in deinem Leben vordergründig sein, wenn du es gut meistern möchtest.

5   2. Mose 20,3-17

6   Die goldene Regel: "Alles nun, was ihr wollt, das die Leute euch tun sollen, das tut auch ihr ihnen ebenso" ist eine Wiedergabe einer Aussage Jesu in Matthäus 7,12.

ich ihnen bezeugen: Ich habe euch nie gekannt; weicht von mir, ihr Gesetzlosen!" (Matthäus 7,23). Wir erkennen daran, dass – ganz egal wie viele gute Werke wir getan haben – unsere Sünde uns vom Reich Gottes fern hält.

Die Bibel macht klar, dass „alle [...] gesündigt [haben] und [...] die Herrlichkeit [verfehlen], die sie vor Gott haben sollten" (Römer 3,23). Das heißt, dass wir alle so gelebt haben als wären *wir* wichtig und nicht Gott. Instinktiv platzieren wir statt Gott uns selbst an die erste Stelle und wenden uns „auf [unseren eigenen] Weg" (Jesaja 53,6).

Sogar unsere Bemühungen, durch gute Werke in den Himmel zu kommen, decken nur unsere Rebellion gegen Gott auf, denn er sagt, dass es keinen Chance für uns gibt, den Himmel durch eigene Leistung zu verdienen. Jeder von uns hat die Zehn Gebote gebrochen – und zwar sehr oft. Gott sagt sehr klar, dass „der Lohn der Sünde [...] der [ewige] Tod [ist]" (Römer 6,23). Das bedeutet, dass jeder von uns die ewige Höllenstrafe verdient, weil er gegen den eigenen Schöpfer meutert, rebelliert und starrköpfig den eigenen Willen durchsetzt.

Die Gute Nachricht

Die Gute Nachricht für uns ist, dass das ewige Leben – das Leben im Himmel mit Jesus Christus – nicht etwas ist, was wir uns verdienen müssen. Es ist ein Geschenk! Obwohl „der Lohn der Sünde [...] der [ewige] Tod [ist]; ... die Gnadengabe Gottes [ist] das ewige Leben in Christus Jesus, unserem Herrn" (Römer 6,23). Das sind gute Neuigkeiten, denn die Bibel sagt uns auch: „Nicht um der Werke der Gerechtigkeit willen, die wir getan hätten, sondern aufgrund seiner Barmherzigkeit [rettete er uns]" (Titus 3,5). Gott ist bereit, uns gnädig ein Geschenk zu geben, das wir nicht verdienen (können). Er will uns das ewige Leben geben. Aber dieses Geschenk muss von uns persönlich empfangen werden.

Das Sekretariat der Bob Jones Universität, an der ich diene, betreibt ein Fundbüro für Studenten. Wenn ein verlorener Gegenstand mit einem Namen beschriftet ist, wird der Student informiert, damit er seinen Gegenstand abholen kann. Wenn kein Name auf dem Gegenstand ist, bewahrt das Fundbüro den Gegenstand mehrere Wochen auf. Dann wird der Gegenstand entweder entsorgt oder für einen geringen Preis bei einer Fundbüroauktion verkauft. Das Fundbüro ist bereit, dem Studenten seinen Besitz wiederzugeben, dieser muss aber vorbeikommen und seinen Personalausweis vorzeigen, um Besitz beanspruchen zu können.

Die Errettung von der ewigen Strafe für unsere Sünden ist für jeden verfügbar, aber auch wir müssen persönlich Anspruch darauf erheben.

Wie kann die Errettung ein freies Geschenk sein? Obwohl es für uns frei ist, hat es Jesus Christus alles gekostet. Unsere Sünde gegen Gott verdient eine gerechte Strafe, die bezahlt werden muss. Gegen den Schöpfer selbst zu sündigen ist eine so große Straftat, dass die einzige gerechte Strafe das ewige Leiden und die Trennung von Gott in der Hölle ist. Die Hölle ist das Ergebnis dessen, dass Gott einem Menschen seine Bitte gewährt: „Gott, lass mich in Ruhe." Wir erkennen es vielleicht nicht, aber das ist im Grunde genommen genau das, was wir jedes Mal zu Gott sagen, wenn wir seinen Weg ablehnen und unseren eigenen Weg wählen. Das ist die schlechte Nachricht für den Sünder.

Die gute Nachricht ist, dass Gott uns liebt und für uns seinen Sohn auf diese Erde sandte, um hier als Mensch zu leben und unsere Strafe auf sich zu nehmen. Obwohl Jesus in einem Leib wie unserem lebte, teilte er doch nicht unsere sündige und starrköpfige Natur. Während er auf der Erde war lebte er ein sündenfreies Leben in totalem Gehorsam gegenüber seinem Vater. Das befähigte ihn – als ein tadelloses Opferlamm – an unserer Stelle zu sterben. Schau auf diese schrecklichen aber dennoch wundervollen Worte des Alten Testaments, die den Opfertod Jesu Christi am Kreuz für uns vorhersagten (Jesaja 53,5–6): „Doch er wurde um unserer Übertretungen willen durchbohrt, wegen unserer Missetaten zerschlagen; die Strafe lag auf ihm, damit wir Frieden hätten, und durch seine Wunden sind wir geheilt worden. Wir alle gingen in die Irre wie Schafe, jeder wandte sich auf seinen Weg; aber der Herr warf unser aller Schuld auf ihn."

Der Apostel Johannes drückt dieselbe Sache so aus (Johannes 3,16.18): „Denn so [sehr] hat Gott die Welt geliebt, dass er seinen eingeborenen Sohn gab, damit jeder, der an ihn glaubt, nicht verlorengeht, sondern ewiges Leben hat. … Wer an ihn glaubt, wird nicht gerichtet; wer aber nicht glaubt, der ist schon gerichtet, weil er nicht an den Namen des eingeborenen Sohnes Gottes geglaubt hat."

Das Opfer des eigenen Blutes Jesu als ewige Bezahlung für jeden, der an ihn glauben wird, hat Gottes gerechten Zorn über unsere Auflehnung gestillt. Alles was für uns übrigbleibt, ist, Gott zuzugeben, dass wir in der Tat Sünder sind, die die Hölle verdienen, und zu realisieren, dass Jesus an unserer Stelle starb und von den Toten auferstand und dann das Geschenk des ewigen Lebens von Gott zu akzeptieren. Es ist ein einfacher Plan – ein Plan, den jedes Kind verstehen kann. Ein Kind wird *die* Person um Hilfe bitten, von der es denkt, dass sie helfen kann. Ein Sünder, der das Geschenk des ewigen Lebens empfangen möchte, kommt zu Jesus Christus, indem er ein Gebet wie das folgende spricht:

„Herr Jesus, ich erkenne, dass ich ein Sünder bin. Ich war dir nicht gehorsam. Ich bin sehr oft meinen eigenen

Weg gegangen. Weil du tadellos bist und dein Himmel tadellos ist, erkenne ich, dass sogar eine einzige Sünde mich für den Himmel disqualifiziert.[7]

Ich bereue meine Sünde und bitte dich um Vergebung. Ich akzeptiere dein Geschenk des ewigen Lebens. Ich möchte, dass dein stellvertretender Tod für mein Sündenkonto angewandt wird[8].

Reinige mich von meiner Sünde und mache mich zu einem deiner Kinder[9]. Danke, dass du mich liebst und mich gerettet hast."

Wenn du erst einmal ein Kind Gottes bist, ist deine größte Krise beseitigt. Du wirst vielleicht die ganze Welt verlieren, aber du wirst deine Seele nicht verlieren.

Und nun denke nach: Wenn Gott weiß, wie er dich aus deiner größten Krise befreien kann, dann weiß er sicherlich auch, wie er dich aus allen anderen Krisen deines Lebens befreien kann. Wenn du weißt, wie du aus deiner größten Krise – vor dem ewigen Tod – gerettet wirst, dann weißt du schon, wie du von jeder kleineren Krise des Lebens gerettet werden kannst. Wir werden das im nächsten Kapitel im Detail durchgehen.

---

7   Jakobus 2,10
8   2. Korinther 5,21
9   Johannes 1,12

4
Die Anwendung

Zurück zur Katze

Ich erwähnte bereits im letzten Kapitel, dass jeder Feuerwehrmann, der in der Lage ist, jemanden vom dritten Stockwerk eines brennenden Hauses zu retten, auch in der Lage sein wird, eine Katze von einem Baum zu retten. Genauso kann der Gott, der uns aus Krisen unglaublichen Ausmaßes retten kann, uns auch von kleineren Problemen befreien.

Die größte Krise ist, wie wir gesehen haben, die Notwendigkeit der Errettung unserer sündigen Seelen. Gott erarbeitete in seiner großen Liebe einen Plan um uns von der ewigen Vernichtung zu erretten. Dieser Plan ist das Evangelium und das Muster für alle anderen Arten der

Rettung, die Gott für uns vollbringt. Die nächste Frage lautet: „Wie wenden wir das für unser heutiges Leiden an?"

Die Sicht eines Rollstuhlfahrers

Tim Mahler studierte Bibelexegese an der Bob Jones Universität und befand sich im zweiten Jahr. In der Sommerzeit arbeitete er in einer Elektrofirma in seiner Heimatstadt Maine. Eines Morgens um 5:30 Uhr, auf dem Weg zur Arbeit, schlief Tims Arbeitskollege am Steuer des Autos ein. Als das Fahrzeug nun außer Kontrolle geriet, wurde Tim, der auf dem Beifahrersitz schlief, durch die Windschutzscheibe geschleudert und brach sich die Wirbelsäule. Die Verletzung befand sich zwischen dem fünften und sechsten Wirbel. Tim konnte sich von den Schultern abwärts nicht mehr bewegen. Tim war gelähmt.

Als der Arzt dem damals 19-jährigen Tim erklärte, dass er von nun an gelähmt sein würde, war Tims Leben nicht „vernichtet, entgleist oder gar aussichtslos" – um es mit seinen eigenen Worten zu sagen. Warum nicht? Tim wusste, dass Gott ihn vor der ewigen Krise gerettet hat, und dass er ihn auch vor irdischen Krisen retten konnte.

Tim wurde nicht stumm, wütend, depressiv oder gar ablehnend. Er wurde von den Gefahren des Fleisches genauso gerettet, wie bei seiner Bekehrung vor den Gefahren des ewigen Todes.

Lebe das christliche Leben so, wie du es bekommen hast

In Kolosser 2,6 steht: „Wie ihr nun Christus Jesus, den Herrn, angenommen habt, so wandelt auch in ihm." Dieser Vers lehrt uns, dass unsere ursprüngliche Errettung von der Sünde auch das Muster für unseren weiterführenden Fortschritt ist, um von selbstsüchtigen Tendenzen gerettet zu werden. Hier sind ihre grundlegenden Bestandteile.

Das Evangelium enthüllt den Zustand des Menschen. Wir haben im letzten Kapitel gesehen, dass die Bibel sagt, dass wir alle Sünder sind. Wenn wir Jesus Christus als unseren Retter empfangen, werden unsere Sünden vergeben und wir haben die ewige Strafe unserer Sünde nicht mehr zu zahlen. Wir sind aber noch nicht von der Gegenwart der Sünde in unserem Leben befreit. Die Bibel lehrt uns, dass wir immer noch die Neigung verspüren, selbstsüchtig zu leben – zuerst an uns selbst zu denken. Dieser Hang, zuerst an sich selbst zu denken, wirkt manchmal überwältigend – besonders wenn wir große Schmerzen verspüren.

Das Evangelium enthüllt die Vorkehrung Gottes zu unserer Rettung. Obwohl unsere sündhafte Natur immer noch in uns ist, hat Gott eine Lösung gegen die Herrschaft über die Sünde ermöglicht: Die persönliche Beziehung zu Jesus Christus. Die Vorkehrungen, die wir benötigen um mit Wut, Bitterkeit, Sorgen, Angst und Verzweiflung fertig zu werden, finden sich nicht in methodischen Programmen zur Emotionsbewältigung oder in Entspannungsübungen. Die Antworten sind nicht tief in uns selbst zu finden. Die endgültige Lösung wird auch nicht im Trost anderer Menschen oder in einem von Prinzipien geleiteten Leben zu finden sein.

Die einzige dauerhaft zufriedenstellende Antwort auf die Probleme des Lebens wird immer die gesteigerte Vertrautheit mit Jesus Christus sein. Jede Lösung, die Jesus Christus nicht auf die Hauptbühne stellt, wird untauglich sein und das Problem verschlimmern.

Wir können vom ewigen Tod nicht errettet werden, indem wir unser Vertrauen auf Jesus Christus und auf unsere guten Anstrengungen setzen. Ebensowenig können wir vor der Gefahr, auf unsere gegenwärtigen Krisen fleischlich zu reagieren, befreit werden, wenn uns irgendetwas von der Schlüsselrolle des Herrn Jesus Christus ablenkt. Jeder Trost, den wir erhalten und jede Strategie, die wir anwenden, muss auf Jesus Christus deuten, der allein unser Retter ist. Gottes Vorkehrung ist kein Programm und keine Ansammlung von Prinzipien. Es ist eine Person. Da die fleischliche Reaktion die größte Gefahr in einer Krise darstellt, ist das Evangelium – das Jesus Christus ins Rampenlicht rückt – die einzige Antwort.

Das Evangelium enthüllt die Verantwortung des Menschen. Ob ein Feuerwehrmann jemanden aus einem brennenden Gebäude rettet oder eine Katze von einem Baum, die Grundlagen sind stets dieselben. Erstens, fahre die Leiter aus. Zweitens, klettere die Leiter rauf. Drittens, bring die Person – oder Katze sicher wieder runter. Es gibt zugegebenermaßen Unterschiede zwischen der Rettung von Menschen aus brennenden Gebäuden und der Rettung einer Katze von einem Baum. Aber was ich sagen möchte ist, dass es auch sehr große Ähnlichkeiten gibt – genauso wie es sehr große Ähnlichkeiten zwischen der Rettung von den Qualen der Hölle und der Rettung von der Gefahr einer selbstsüchtigen Reaktion gibt.

Die Verantwortung des Menschen für die Erlösung besteht zunächst darin, sich von der sündhaften Neigung, sich selbst zu vertrauen und das Leben meistern zu wollen, zu entfernen. Die Egozentrik ist die Wurzel seines Problems. Er muss seine Meuterei gegen Gott bekennen und um Vergebung bitten.

Des Weiteren muss er der Vorkehrung vertrauen, die Gott für seine Bezahlung möglich gemacht hat. Gott hat die Erlösung für jeden zugänglich gemacht, der sich zu Christus wendet und um Vergebung bittet. Die Bibel sagt: „Glaube an den Herrn Jesus Christus, so wirst du gerettet werden" (Apostelgeschichte 16,31).

Auch Tim suchte die innere Stärke, die er für ein Leben als Gelähmter benötigte, in derselben Weise in demütiger Abhängigkeit von Jesus Christus. Er erlebt jeden Tag, dass die Umstände überwältigend gegen ihn sind. Würde er alleine auf einem selbstbezogenen Weg gelassen werden, wäre er wohl bitter und entmutigt. Höre einmal auf das, was Tim dazu sagt:

> Während des ersten Jahres nach meinem Unfall brauchte ich die üblichen fünf Folgen des Leidens – Schock, Ablehnung, Wut, Schuld und Depression – nicht zu erleben. Warum nicht? Zum Teil, weil sich kompetente Mediziner und meine engagierten Eltern, die mir jeden Tag Unterstützung lieferten, um meine aufkommenden physischen Nöte kümmerten. Vor allem aber deshalb, weil meine Beziehung zum Sohn Gottes sich durch diesen unerwarteten Unfall in keinster Weise veränderte.
>
> Praktisch gesprochen hieß das, dass wenn auch alle Menschen meine Bettseite verlassen hatten, immer noch einer im Raum war – Christus – derjenige, der versprochen hat, dass er mich niemals verlassen oder zurücklassen wird (Hebräer 13,5). Wenn mein Körper erschöpft war, meine Gefühle schwammig wurden und meine Gedanken aufgewühlt waren, konnte ich mich auf Christus verlassen, den Fels der Ewigkeiten, wie der Prophet Jesaja ihn beschreibt (Jesaja 26,4), der dauerhafte Stabilität gewährt..."[10]

---

10 Aus *Clemson Testimony* von Tim Mahler auf www.notearsinheaven.com,

Ein Leben, das auf Christus gegründet ist, wird in einer Krise nicht zerbröckeln. Wenn wir unser Vertrauen auf Jesus Christus gesetzt haben – auf den Sohn Gottes als unseren Sündenbefreier und einzigen Herrn – dann stehen wir in einer ganz besonderen Beziehung.

Innerhalb des ersten Jahres nach Tims Unfall zog die Familie nach Greenville in South Carolina. Tim machte seinen Abschluss an der Bob Jones Universität und machte auch seinen Masterabschluss in Bibelexegese. Seitdem ist er viel gereist um die wundervolle Gnade Gottes zu bezeugen, die ihn nicht nur von der Gefahr des ewigen Todes erlöst, sondern auch von der Gefahr der täglichen geistlichen Vernichtung. Er dient auch als Mitarbeiter in seiner Heimatgemeinde in Greenville. Tim schließt seinen Lebensbericht mit diesen Worten:

> Vielleicht [...] ähnelst du David T., der mit 34 Jahren bereits vierfach amputiert wurde [...] und der nun nach einem Weg sucht, mit seiner Verletzung fertig zu werden. Er schreibt in einer kürzlich erschienenen Zeitschrift: „Ich versuche mit dem Gedanken zu ringen, ob mir der Spiritismus vielleicht helfen kann die Glieder zu ersetzen und das Leben, das ich vermisse. Ich habe mir angewöhnt [...] mir Bücher über Zen zu

---

einer Webseite, die dem Ziel dient, diejenigen zu ermutigen, die großes Leid erfahren haben. Mit Erlaubnis verwendet.

kaufen. [...] Ich versuche eine spirituelle Verbindung zu finden, um mit meinem jetzigen Leben klarzukommen, mit diesem Körper, mit diesen Gliedern, wie ich sie nenne. Vielleicht gibt es eine spirituelle Verbindung, die mir eine Antwort gibt."[11]

Die Antwort für David und für uns alle [...] ist eine persönliche Beziehung mit dem Sohn Gottes, Jesus Christus. Jesus selbst sagte in Johannes 6,35: „Ich bin das Brot des Lebens. Wer zu mir kommt, den wird nicht hungern, und wer an mich glaubt, den wird niemals dürsten." Ich bin hier [...] um euch zu bezeugen [...] dass ein auf Christus fixiertes Leben nicht zerbröckeln wird, dass es vollständig ist.

Der Plan ist einfach zu verstehen, aber nicht einfach in die Praxis umzusetzen, weil unser selbstbezogenes Wesen nach einer anderen Art von Hilfe schreit, nach einer Hilfe, die unserer eigenen Vorstellung entspricht.

Der Plan Gottes besteht darin, die Gefahr der sturen Selbstbezogenheit in unserem Leiden zu entlarven. Wir müssen Gott um Gnade – um seine göttliche Hilfe – bitten, so zu reagieren, dass durch unsere Reaktion eine Möglichkeit geschaffen wird, zu zeigen, wie liebevoll und mächtig Jesus Christus in unserem Schmerz ist. Hör auf das Zeugnis eines anderen Mannes – des Apostels Paulus –, der

---

11 *Disability and Spirituality in New Mobility*, Nov. 1999, p.39.

großes körperliches Leid ertrug und feststellte, dass Gottes Gnade die Lösung ist, um die Gefahr der Selbstbezogenheit zu beseitigen und die Möglichkeiten zu schaffen, um zu zeigen, wie groß Gott ist (2. Korinther 12, 7-10): „Und damit ich mich wegen der außerordentlichen Offenbarungen nicht überhebe, wurde mir ein Pfahl fürs Fleisch gegeben, ein Engel Satans, dass er mich mit Fäusten schlage, damit ich mich nicht überhebe. Seinetwegen habe ich dreimal den Herrn gebeten, dass er von mir ablassen soll. Und er hat zu mir gesagt: Lass dir an meiner Gnade genügen, denn meine Kraft wird in der Schwachheit vollkommen! Darum will ich mich am liebsten vielmehr meiner Schwachheiten rühmen, damit die Kraft des Christus bei mir wohne. Darum habe ich Wohlgefallen an Schwachheiten, an Misshandlungen, an Nöten, an Verfolgungen, an Ängsten um des Christus willen; denn wenn ich schwach bin, dann bin ich stark."

Die Erlösung von der Gefahr des ewigen Todes benötigt Reue (Abwendung von der Sünde) und sie benötigt Glauben (Zuwendung zu Gott). Erlösung von den Gefahren der Wut, Bitterkeit, Sorgen, Verzweiflung und anderen verkehrten Reaktionen auf unseren Schmerz benötigt dasselbe: Reue über unsere sture Selbstbezogenheit und Glauben, in dem wir uns zu Gott wenden um seine Hilfe zu suchen. Kannst du wie Tim Mahler so etwas beten:

Herr Jesus, ich sehe wie einfach es im Moment für mich ist, in meinem Schmerz nur an mich selbst zu denken. Ich erkenne, dass meine Ich-Bezogenheit und meine Sturheit die Quelle meiner Wut, Bitterkeit, Sorge, Angst, Verzweiflung und Hoffnungslosigkeit ist. Bitte vergib mir, dass ich denke, dass das was ich will, das Allerwichtigste auf Erden ist. Dein Plan ist am allerwichtigsten. Ich wende mich für meine Hilfe an dich. Lehre mich, was du mir über mich selbst beibringen möchtest, so dass ich anderen durch meine Reaktion zeigen kann, dass du der Erste in meinem Leben bist. Ich möchte, dass andere sehen, dass du vollkommen ausreichend für mich bist, was auch immer mir geschehen wird.

Es wird uns sehr schwer fallen, ein solches Gebet zu sprechen, wenn wir nicht denselben Plan für unser Leiden verfolgen, den Gott für uns vorgesehen hat. Wenn wir denken, dass die Linderung der Not am allerwichtigsten sei, während Gott denkt, dass unser Wachstum in der Beziehung zu Jesus Christus entscheidend ist, werden wir die Krise nicht bewältigen können. Das nächste Kapitel soll einen Blick auf Gottes Plan in unserem Leiden werfen; dieser Plan ist oft das Gegenteil zu unseren Plänen.

5
Das Ziel

Notfälle haben die Eigenheit, dass sie uns zeigen, was wirklich wichtig ist. Rettungsassistenten werden bei einem Autounfall nicht zweimal darüber nachdenken, ob sie ein teures Kleidungsstück aufschneiden dürfen, um an eine ernsthafte Wunde des Opfers zu kommen.

Die Krisen des Lebens sind von Gott vorgesehen um uns zu helfen, die Bestandteile des Lebens in die richtige Position zurück zu rücken. Das haben wir am 11. September 2001 klar gesehen, als die Vereinigten Staaten durch einen Terrorangriff erschüttert wurden. Viele Amerikaner, die schon seit Monaten oder sogar Jahren nicht mehr an Gott dachten, fingen plötzlich an zu beten. Kirchen jeder Denomination waren mit Trauernden gefüllt und mit Menschen, die wissen wollten, was ihre religiösen Führer ihnen zu jener Zeit zu sagen hatten.

Die Zeit der nationalen und persönlichen Krise holte uns plötzlich aus unseren Tagträumen, aus unserer

Geschäftigkeit und aus unserem belanglosen Verlangen nach Entspannung und Unterhaltung. Krisen bringen uns zurück zur Tatsache der endgültigen Realität – zurück zu Gott.

Es gibt keine wichtigere Wahrheit als die Tatsache, dass Gott existiert, dass er uns gemacht hat, und dass er uns für ein ganz besonderes Ziel erschaffen hat. Und da wir mit einem freien Willen erschaffen worden sind, sind wir dafür verantwortlich, wie wir unser Leben für Gottes Ziele einsetzen.

Während ich die Worte dieses Kapitels auf ein Diktiergerät spreche, bin ich gerade auf einer Schnellstraße zum Haus meines Bruders in Palm Springs in Kalifornien unterwegs. Ich habe mich für diese Straße entschieden, weil sie mir hilft, mein Ziel zu erreichen. Ich bin in Kalifornien, um auf einer Konferenz zu reden und besuche meinen Bruder einen Tag bevor diese beginnt. Wenn mein Plan gewesen wäre, den Hoover Damm zu besichtigen, wäre ich auf einer anderen Straße und in eine andere Richtung gefahren. Mein Ziel bestimmt den Weg den ich fahre.

Unser Lebensziel wird genauso die täglichen Entscheidungen bestimmen, die wir machen. Das bringt uns zum nächsten Grundsatz um schwierige Zeiten zu überwinden.

Grundsatz Nr. 3:
Gottes Ehre ist immer das Ziel.

Der Apostel Paulus sagte: „Ob ihr nun esst oder trinkt oder sonst etwas tut – tut alles zur Ehre Gottes!" (1. Korinther 10, 31). Das „oder sonst etwas tut" beinhaltet alle Fragen des Lebens – sogar die Reaktionen auf unser Leiden und unsere Schmerzen. Wenn die Ehre Gottes das Ziel unseres Lebens ist, wird sie darüber bestimmen, welche „Straßen" – welche Entscheidungen – uns zum „Ziel" bringen können und welche nicht.

An der Schwelle des Feuerofens

Die Bibel gibt uns ein wundervolles Beispiel von drei Männern, die im Angesicht des Todes Entscheidungen trafen, die die Großartigkeit und Würde ihres Gottes zeigten. Die drei Hebräer des Alten Testaments – Sadrach, Mesach und Abednego – wurden dazu aufgefordert, sich einem goldenen Standbild Nebukadnezars, des regierenden Königs von Babylon, zu unterwerfen und es anzubeten.[12]

---

12 Lies Daniel 3 für weitere Details dieses erstaunlichen Berichtes.

Sie weigerten sich, vor dem Standbild niederzuknien. Durch diesen Akt der Weigerung des königlichen Befehls zeigten sie, dass ihr Gott der Erste in ihrem Leben war. Wenn sie vor dem Standbild niedergefallen wären, hätten sie damit gezeigt, dass die Bewahrung ihres eigenen Leben für sie das Allerwichtigste ist.

Unsere Reaktion in Zeiten großer Belastung und schweren Leidens wird aufdecken, ob wir wirklich glauben, dass Gott die wichtigste Realität unseres Lebens ist, oder aber ob wir der wichtigere Faktor unseres Lebens sind.

Sadrach, Mesach und Abednego weigerten sich, zuerst an sich selbst zu denken und wurden zum Tod verurteilt. Sie wurden gefesselt in einen Feuerofen geworfen, der sieben mal heißer als üblich aufgeheizt worden war.

Durch ein Wunder verschonte Gott ihr Leben. Er bewahrte sie nicht nur davon, lebendig zu verbrennen, sondern sandte auch einen himmlischen Botschafter – vielleicht eine alttestamentliche Erscheinung des Herrn Jesus Christus – um mit ihnen im Feuerofen zu sein. Der König Nebukadnezar sprach erstaunt zu seinen Beratern (Daniel 3,24–25): „Haben wir nicht drei Männer gebunden ins Feuer geworfen? Sie erwiderten und sprachen zu dem König: Gewiss, o König! Er antwortete und sprach: Siehe, ich sehe vier Männer mitten im Feuer frei umherwandeln, und es ist keine Verletzung an ihnen; und die Gestalt des vierten gleicht einem Sohn der Götter!"

Dieser Abschnitt gibt uns wundervolle Wegweisungen, den Feueröfen unseres Lebens zu begegnen. Zunächst lehrt er uns, dass wir immer so reagieren sollten, dass klar wird, dass Gott wichtiger als irgendetwas anderes ist. Er lehrt uns auch noch, dass wir immer so reagieren sollen, dass andere, die uns im Feuerofen sehen, den Sohn Gottes mit uns im Ofen unserer Probleme erblicken.

In dieser Weise ehren wir Gott, denn wir zeigen damit, dass wir ihn in höchster Weise achten. Wir zeigen, dass wir nicht in einer Fantasiewelt leben, in der wir uns vorstellen, dass sich die Welt um uns dreht. Der wichtigste Faktor der Realität ist, dass Gott über allen Dingen in Majestät und Pracht herrscht.

Diese Denkweise widerspricht unserer natürlichen, fleischlichen Natur. Wir mögen es normalerweise, uns selbst zu fördern, uns selbst zu schützen, uns selbst zu bedienen. Die Ironie dahinter ist, das die Selbstbezogenheit das Zentrum des Unglücks im Leben ist. Gott hat sein Universum so „verdrahtet", dass jede Handlung eines Menschen, mit der er Gott an die erste Stelle setzt, diesen Menschen mit der Freude und dem Frieden erfüllt, die er sucht.

Von dieser Wahrheit sprach der Herr Jesus, als er sagte (Lukas 9,23-24): „Wenn jemand mir nachkommen will, so verleugne er sich selbst und nehme sein Kreuz auf sich täglich und folge mir nach. Denn wer sein Leben retten will, der wird es verlieren; wer aber sein Leben verliert um meinetwillen, der wird es retten."

Selbstzentrierte Ziele werden uns immer eine Menge Unglück einbringen. Unser Ziel muss sein, jeden Umstand dazu zu nutzen, zu zeigen, dass Gott an erster Stelle steht. Das Ergebnis wird eine andauernde Freude und ein andauernder Friede sein, ganz egal wie schwierig die Umstände sind.

Zurück zu Peggy und Bill

Erinnerst du dich noch an die Geschichte von Peggy, die die Leidenschaft ihres Mannes für Pornografie entdeckte? Ihr wichtigstes Ziel war, zu zeigen, dass Gott die erste Stelle in ihrem Leben hatte. Sie wollte in so einer Weise reagieren, dass Bill sowohl etwas von der Gnade und Güte Gottes, als auch von seiner Heiligkeit sieht. Sie hätte ganz einfach in einer selbstzentrierten Weise reagieren können, die nichts von Gottes Wesen zeigen würde. Wenn sie so reagieren würde, könnte die Situation sehr schnell eskalieren, wie es schon zehn Jahre vorher passiert war.

Peggy verließ mein Büro in der Überzeugung, dass sie mit ihrer Reaktion Gott verherrlichen würde. Sie konfrontierte Bill liebevoll aber ernsthaft damit, in welche Stellung er sich selbst vor Christus und anderen Menschen brachte.

Am nächsten Tag kam Bill in mein Büro um mir zu erzählen, wie gütig Peggy ihn auf seinen Fehler hinwies. Er bat sie um Vergebung und kontaktierte seinen Gemeindeleiter, der ihm versprach, sich regelmäßig mit ihm zu treffen, um ihm zu helfen, seine selbstbezogenen Wege zu verlassen.

Bill war zwar traurig über seine Sünde, aber dennoch gefüllt mir großer Freude darüber, dass seine Gemeinschaft mit Gott und seiner Frau erneuert wurde. Seine Buße brachte auch für Peggy große Freude, denn sie konnte wieder einmal die Herrlichkeit Gottes sehen – seine Treue, Weisheit, Stärke und Liebe.

Was, wenn es noch schlimmer wird?

Was wäre aber, wenn Bill in seiner Reaktion keine Reue gezeigt hätte? Was, wenn Bill weitere Jahre in seiner Sünde leben würde? Oder was wäre, wenn Peggy sich nur um die körperliche Gesundheit ihres Ehemannes sorgen würde, anstatt sich darüber Sorgen zu machen, dass seine Seele mit dem Gift der Pornografie verseucht wird? Würde Peggy Gott die Ehre geben können, wenn die Umstände sich nicht verbessern, sondern verschlimmern würden?

Es ist wichtig zu verstehen, dass Gott nicht nur durch wundersame Heilungen und erquickende Zeiten der Buße geehrt wird. Er wird immer dann verherrlicht, wenn seine

Kinder durch ihre Reaktion zeigen, dass ER der Erste in ihrem Leben ist.

Der Patriarch Hiob zeigte durch seine Art, wie er mit dem Verlust seiner Familie, seines Hofes und seiner Gesundheit umging, dass Gott der Erste in seinem Leben war. Er sagte (Hiob 1,21–22): „Der HERR hat gegeben, der HERR hat genommen; der Name des HERRN sei gelobt! Bei alledem sündigte Hiob nicht und verhielt sich nicht ungebührlich gegen Gott." Obwohl Hiob eines Tages seine Gesundheit und seinen Hof zurück bekam, sah er doch niemals, dass seine Kinder wieder zum Leben erweckt wurden.

Aber ich bin so schwach!

Wenn du bis zu dieser Seite gelesen hast, sagst du dir vielleicht: „Ich glaube zwar, dass all das wahr ist, und ich würde auch gerne so großzügig reagieren, wie du es beschrieben hast, aber ich bin so schwach! Ich habe nicht die Kraft, richtig zu reagieren, schon gar nicht dauerhaft."

Wenn das die Haltung deines offenen Herzens ist, habe ich gute Neuigkeiten für dich. Jesus sagte in seiner ersten Predigt, dass dich diese Demut und Schwäche für seine Hilfe qualifiziert. In dem Abschnitt der Predigt, den wir die Seligpreisungen nennen, sagte er, sein Segen ruhe auf...

- den „geistlich Armen" – denen, die geistlich bankrott sind;
- den „Trauernden" – denen, die über Sünde und Schwäche trauern;
- den „Sanftmütigen" – denen, die bereit sind, sich leiten zu lassen, von Gott und Menschen;
- den „nach Gerechtigkeit dürstenden" – denen, die geistlich durstig sind.

Der Apostel Petrus wiederholt dieselben Eigenschaften (1. Petrus 5,5): „Gott widersteht den Hochmütigen (das sind die Sturköpfigen), den Demütigen aber gibt er Gnade (das ist göttliche Hilfe)".

Wenn wir uns selbst vor Gott demütigen, zugeben, dass wir ihn brauchen, und nicht stur auf unseren eigenen Wegen bleiben, wird er uns mit göttlicher Hilfe antworten. Diese Hilfe kommt in Form eines verstärkten Wunsches seinen Willen zu tun und einer erhöhten Kraft es zu vollbringen (Philipper 2,13).

In Zeiten großen Leidens kann unser Wunsch, das Richtige zu tun, in den Hintergrund treten und wir denken, dass wir nicht die Kraft haben, weiter zu machen. Genau in diesen Zeiten brauchen wir mehr von Gottes Gnade.

Wir sind niemals zu schwach uns zu beugen

Das Einzigartige an Gottes Plan ist, dass, egal wie schwach wir werden, wir uns immer vor ihm demütigen können. Zum Glück müssen wir nicht erst etwas Großartiges oder Mächtiges tun, um Gottes Hilfe in Anspruch nehmen zu können. Wenn das der Fall wäre, würden wir dazu nie in in der Lage sein.

In Zeiten großen Leidens passiert es uns sehr leicht, dass wir das Ziel, dass Gott in allem geehrt werden soll, aus den Augen verlieren. Das geschieht vor allem dann, wenn die Leiden und Schmerzen über einen längeren Zeitraum anhalten. In dieser lang andauernden Zeit der Schwierigkeiten ist es gerade von Nöten, dass wir daran erinnert werden, was unser Ziel ist. Wenn wir das Ziel aus den Augen verlieren, können wir uns schnell in der Dunkelheit verlaufen.

Natürlich ist es für uns schwer zu verstehen, dass Gott der Erste sein soll, wenn wir nicht mit ihm vertraut sind. In den nächsten zwei Kapiteln werden wir einige der wunderbaren Eigenschaften Gottes erforschen. Gerade weil es für uns schwer ist, Menschen zu vertrauen, die wir nicht gut kennen, ist es umso wichtiger unser Wissen über Gott zu erweitern.

Die Zeit der Krise ist die Zeit um ein folgendes Gebet zu sprechen:

Herr Jesus, ich erkenne, dass ich in dieser Zeit des Schmerzes dazu geneigt bin, an mich zu denken. Ich erkenne aber auch, dass dies eine wunderbare Möglichkeit ist, dich und andere an die erste Stelle zu setzen, so wie du uns an die erste Stelle gesetzt hast, als du für uns am Kreuz gestorben bist, um die Strafe für unsere Sünden zu tragen. Bitte benutze gerade diese Zeit um mich mehr so zu machen, wie du bist. Mögen andere dich hier im Feuerofen mit mir sehen, wenn sie mein Leben sehen. Gib mir die tägliche Kraft und hilf mir meine Augen darauf zu fokussieren, dich in meinem Leiden zu ehren. Hilf mir bitte um deiner Ehre willen angemessen zu reagieren.

So lange wie die Prüfung anhält werden wir diesen täglichen Herzensschrei ausrufen müssen. Im Gegenzug werden wir einen wunderbaren Frieden und eine befriedigende Freude erfahren, da Gottes Ehre immer das Ziel ist.

6
Das Dilemma

Bobs Streifenwagen

Vor einigen Jahren lud mich ein ehemaliger Student unserer Universität, der nebenbei auch bei der kommunalen Polizei arbeitete, zu einer Fahrt durch ein kriminell belastetes Viertel ein. Wir erreichten eine Kreuzung in einer heruntergekommenen Wohngegend, in deren Mitte eine Gruppe junger Männer stand. Als wir die Gruppe erreichten, machten die Männer die Kreuzung frei, ließen uns vorbeifahren und schauten uns mürrisch hinterher. Bob kannte die meisten von ihnen mit Namen – und sie kannten Bob. Ich bin froh, dass ich nicht weiß, was sie über uns gesagt haben, als wir vorbei fuhren.

Ich würde mit meinem eigenen Auto niemals in diesen Teil der Stadt fahren, nicht einmal am helllichten Tag. Im Streifenwagen fühlte ich mich jedoch sicher. Ich war umgeben von kugelsicherem Glas und einer verstärkten Autokarosserie. In greifbarer Nähe war am

Armaturenbrett ein Gewehr befestigt. Bob verfügte sowohl über ein Funkgerät als auch über eine Schusswaffe. Das Bewusstsein der vielfältigen Möglichkeiten, die Bob zur Verfügung standen, beruhigte meine natürlichen Ängste.

Genauso sollte unsere Reaktion auf die Ängste sein, die wir in Krisenzeiten erleben: Wir sollten uns noch viel mehr bewusst werden, wie Gott ist und welche Möglichkeiten ihm zur Verfügung stehen. In diesem und im nächsten Kapitel möchte ich dich auf eine Fahrt in Gottes „Streifenwagen" mitnehmen. Ich möchte dir die Möglichkeiten vor Augen führen, die ihm zur Verfügung stehen und die er zu unserem Vorteil und zu seiner Ehre einsetzt.

Manche Leute sagen: „Es fällt mir schwer, Gott zu vertrauen." Vielleicht ist es aber in Wirklichkeit so, dass diese Menschen es ablehnen, Gott zu vertrauen, weil das bedeuten würde, in einigen Bereichen die Kontrolle über ihr eigenes Leben abzugeben. Wir haben bereits die Gefahr unserer selbstbezogenen Wege gesehen. Doch ein weiterer Grund, warum es ihnen „schwer fällt" Gott zu vertrauen, liegt darin, dass sie ihn nicht gut genug kennen.

Fremden vertrauen

Stell dir einmal vor, dass ein Mann, den du noch nie gesehen hast, in der Innenstadt auf dich zu kommt. Er bittet dich, ihm 50€ zu leihen und ihm deine Adresse und Telefonnummer zu geben. Er will es dir zurückzahlen, sobald er seinen Lohn bekommt. Sogar der mitleidvollste unter uns würde dem Fremden die 50€ nicht geben. Wir würden zweimal überlegen, bevor wir einem Fremden, den wir nicht kennen, unsere Namen, Adresse und Telefonnummer geben. Wir wissen nicht, was er mit den Informationen anstellen wird. Die einfache Tatsache ist, dass wir Menschen, die wir nicht kennen, nicht vertrauen.

Was ist aber, wenn der Mann, der dich anspricht, jemand ist, den du sehr respektierst – dein Vater oder dein Bruder – und er hat geistesabwesend sein Portemonnaie zu Hause liegen gelassen. Wenn du die 50€ hast, wirst du sie ihm sehr gerne leihen. Er hat sich in der Vergangenheit als vertrauenswürdig erwiesen. Er hat bisher immer wieder gezeigt, dass es ihm immer um dein Bestes ging – daher der große Respekt vor ihm. Du bist bereit, jemandem zu helfen, den du sehr schätzt.

Das Dilemma

Die Anwendung trifft viele von uns und ist sehr schmerzhaft. Wir müssen zugeben, dass es uns oft schwer fällt, Gott zu vertrauen, weil wir ihn nicht für vertrauenswürdig halten. Er wirkt auf uns vielmehr wie ein Wolf unter

Schafen – der uns das Leben schwer machen möchte – als der gute Hirte, der bereit ist, sein Leben für die Schafe zu lassen. Das ist unser Dilemma: Wem schenken wir unser Vertrauen?

Vielleicht haben wir unser Bild von Gott auf Irrlehren gegründet – auf das was uns andere von ihm erzählt haben. Oder unser Bild von Ihm ist von Situationen geprägt, die nicht so ausgingen, wie wir sie uns vorgestellt haben, und wir haben Gott für unsere missliche Lage verantwortlich gemacht.

Unsere sündige Natur ist ein Abbild der Natur Satans. Unser Fleisch ist hinterlistig, genau wie er.[13] Satan hält unser Herz in seiner Herrschaft, indem er sich über Gott empört. Er tut alles, was er kann, um Gott schlecht und sich selbst gut aussehen zu lassen. Satan ist mit seiner Strategie so wirksam, dass er zeitweilig praktisch die ganze Welt in seinem Gefolge hat.

Vertrauensfrage

Der Apostel Paulus nennt den Satan treffend „den Gott dieser Weltzeit", der „bei den Ungläubigen […] die Sinne verblendet hat" (2. Korinther 4,4). In jeder Lebenslage müssen wir eine Entscheidung treffen. Werden wir dem glauben,

---

13   Vgl. Jeremia 17,9; Johannes 8,44.

was Gott über unsere Situation sagt, oder dem, was unser eigenes Herz uns über die Situation sagt – verzerrt durch ihre natürliche Neigung dem Satan nachzuahmen?

Die Tatsache, dass wir uns stets entscheiden müssen, wem wir unser Vertrauen schenken, ist der Grund dafür, dass die Bibel so oft über den Glauben redet. Wir meinen vielleicht, der Schlüssel sei die Menge an Glauben, und dass wir mehr davon bräuchten, um unsere Probleme zu lösen. Die Bibel sagt uns aber, dass wir immer genug Glauben haben. Unsere Probleme resultieren aus dem Vertrauen in die falsche Person. Wenn die Bibel vom „Glauben haben" spricht, meint sie den Glauben an Gott. Das ist, was gemeint ist, wenn die Bibel sagt (Römer 1,17): „Der Gerechte (das ist derjenige, der gerecht vor Gott ist, da er Gottes Errettung von Sünde erlebt hat) wird aus Glauben leben."

Wir können keine Entscheidung treffen ohne jemandem zu glauben. Der Test des geistlichen Lebens ist: „Wem vertraue ich mit meinem Glauben? Gott oder meinem eigenen Herzen?"

Ein Christ, der einer Krebsoperation, Herzproblemen oder anderen schwierigen Dingen gegenübersteht, hat eine Glaubensfrage zu beantworten. Wenn er Gott vertraut, antwortet sein Herz ungefähr mit folgenden Worten:

Himmlischer Vater, ich weiß nicht, was du mit dieser Operation vorhast. Ich weiß, dass mein eigenes Herz gerne darauf bestehen würde, dass die Operation meine körperlichen Probleme vollständig löst. Aber ich weiß, dass du vielleicht andere Pläne hast.

In deiner Weisheit hast du vielleicht schon entschieden, das mein Leiden weitergehen soll. Vielleicht hast du sogar entschieden, dass ich diese Operation nicht überleben werde und früher in deine Gegenwart eintreten soll, als irgendjemand auf der Erde erwartet hätte.

Ich weiß, dass du mich liebst. Du hast mir gesagt, dass du „sogar [deinen] eigenen Sohn nicht verschont [hast], sondern ihn für uns alle dahin gegeben" hast, und dass du „uns mit ihm [...] auch alles schenken" willst.[14] Du hast deine Liebe zu mir bewiesen, als du deinen geliebten Sohn, Jesus Christus, für mich geopfert hast, um meine größte Not zu stillen – meine Seele zu retten. Ich werde deine Liebe in dieser Sache nicht anzweifeln. Der Beweis deiner Liebe für mich ist zu groß.

Mein Herz könnte jetzt leicht mit Ängsten gefüllt sein, also demütige ich mich vor dir und bitte dich um die Gnade, die du mir versprochen hast, damit ich deine Vertrauenswürdigkeit nicht ablehne, indem ich den Ängsten nachgebe. Hilf mir, auf dich zu sehen – meine Stärke, mein Erlöser, mein guter Hirte.

---

14 Römer 8,32.

Schwierige Zeiten im Neuen Testament

Die Apostel der frühen Gemeinde in Jerusalem erlebten teilweise schwierige Zeiten, da ihre Botschaft des Heils in Jesus Christus der allgemein anerkannten religiösen Sichtweise einen Strich durch die Rechnung machte. Sie wurden häufig vor Gericht geführt und geschlagen oder gefangen genommen. Lies einmal den Bericht in Apostelgeschichte 4,23–29 von ihrer Reaktion bei einer solchen Begegnung. Ich möchte dich im Besonderen auf ihre hohe Achtung vor Gott und vor seinem Sohn, Jesus Christus, aufmerksam machen:

„Als sie [Petrus und Johannes] aber freigelassen waren, kamen sie zu den Ihren und verkündeten alles, was die obersten Priester und die Ältesten zu ihnen gesagt hatten. Und als sie es hörten, erhoben sie einmütig ihre Stimme zu Gott und sprachen:

Herr, du bist der Gott, der den Himmel und die Erde und das Meer gemacht hast und alles, was darinnen ist.

Du hast durch den Mund deines Knechtes David gesagt: „Warum toben die Heiden und ersinnen die Völker nichtiges? Die Könige der Erde lehnen sich auf, und die Fürsten versammeln sich miteinander gegen den Herrn und gegen seinen Gesalbten." (Mit anderen Worten: „Du hast vorhergesehen, dass die Welt sich so gegen deinen Sohn verhalten würde.")

Ja, wahrhaftig, gegen deinen heiligen Knecht Jesus, den du gesalbt hast, haben sich Herodes und Pontius Pilatus versammelt zusammen mit den Heiden und dem Volk Israel, um zu tun, was deine Hand und dein Ratschluss zuvor bestimmt hatte, dass es geschehen sollte."

Und jetzt, Herr, sieh ihre Drohungen an und verleihe deinen Knechten, dein Wort mit aller Freimütigkeit zu reden.

Diese Gläubigen des ersten Jahrhunderts haben bereitwillig anerkannt, dass ihr Gott der machtvolle Schöpfer ist, der sich in die Angelegenheit der Menschen einmischen kann, wie er möchte. Sie bestanden nicht darauf, dass ihre eigene Agenda erfüllt wird. Sie fragten nur danach, dass sie in der Lage sein mögen, Gottes Größe mit Mut bezeugen zu können, auch wenn sie dafür Verfolgung erleiden mussten. Gott beantwortete ihr Gebet, denn wir finden folgende Worte in Vers 33: *„Und mit großer Kraft legten die Apostel Zeugnis ab von der Auferstehung des Herrn Jesus, und große Gnade war auf ihnen allen."*

Nur wenn wir dieselbe Sichtweise von Gott haben wie diese frühen Apostel, können wir das Vater-Unser[15] aufrichtig beten. Die Worte in Klammern habe ich hinzugefügt, um die Bedeutung dieses so bekannten Muster-Gebets besser zu verdeutlichen:

15　Vgl. Matthäus 6,9-13.

6. Das Dilemma

Unser Vater, der du bist im Himmel!
Geheiligt werde dein Name.
Dein Reich komme.
Dein Wille geschehe [durch mich], wie im Himmel [durch
deine himmlischen Diener],
so auch auf Erden.

Diese Verse zeigen uns, dass wir Gott nicht bereitwillig darum bitten können, seinen Willen in unserem Leben hier auf Erden geschehen zu lassen, wenn wir seinen Namen nicht „heiligen".

Der Ausdruck „sei geheiligt" heißt „sei besonders geehrt und erhöht", abgehoben von allen anderen Wesen. Es heißt, IHN mit großem Respekt und Würde zu sehen.

Wie wir schon vorher gesehen haben, fällt es uns einfacher jemandem zu vertrauen, den wir kennen – denn jede Entscheidung ist eine Vertrauensfrage – sie enthüllt, wem wir vertrauen schenken.

Wie können wir es also schaffen, diese hohe Sichtweise von Gott zu bekommen? Wie können wir richtig glauben – die richtigen Vertrauensentscheidungen treffen – in Bezug auf Gott? Wir wollen dieser Frage im nächsten Kapitel nachgehen. Wir werden uns Zeit nehmen, einen genaueren Blick auf Gottes „Streifenwagen" zu werfen – die Möglichkeiten, die er zur Verfügung hat, um sie für uns einzusetzen.

7
Der hohe Turm

Flucht aus dem Turm

Shirley und Steve[16] saßen meiner Frau und mir gegenüber auf der anderen Seite des Tisches, als Shirley ihre Geschichte erzählte. Sie befand sich in einem der oberen Stockwerke des zweiten Turms des Welthandelszentrums, als der erste Turm bereits von dem Flugzeug getroffen war, das die Terroristen für ihre grausame Tat entführt hatten. Sie und weitere Arbeitskollegen konnten nur wenige Minuten vor dem Zusammensturz des ersten Turmes entkommen. Sie rannten mit hunderten anderen Menschen weg vom Gelände. Ihr einziges Ziel war es, die Stadt zu verlassen und ihren Geliebten zu berichten, dass sie am Leben war. Die von Menschen gebauten Türme stürzten

---

16 Namen geändert.

ein, doch Shirley war durch einen weitaus sichereren Turm geschützt – durch den Gott des Himmels.

Als der König David in Gefahr geriet, wollte er sich gern in einem „starken Turm" bergen. Hier sind seine Worte:

Höre, o Gott, mein Schreien, achte auf mein Gebet!
Vom Ende der Erde rufe ich zu dir, da mein Herz ver-
schmachtet: Führe du mich auf den Felsen, der mir zu hoch
ist! Denn du bist meine Zuflucht geworden, ein starker Turm
vor dem Feind. (Psalm 61,2–4)

Flucht zu dem Turm

Hohe Türme wie die des Welthandelszentrums sind während eines Notfalls gefährliche Orte. Zur Zeit Davids hatten „starke Türme" sicherlich eine andere Bedeutung: Sie waren Festungen, in denen man sich vor den Feinden sicher verstecken konnte. Diese Verse zeigen, dass Gott in diesem Sinne ein starker Turm ist – der sicherste Ort der Zuflucht während eines Notfalls.

Dieses Thema, in einer Krise zu Gott zu fliehen, findet sich sehr häufig in der Bibel und wird im vierten und letzten Grundsatz für Zeiten der Probleme festgehalten:

Grundsatz Nr. 4:
Gott ist immer genug.

Seitdem Amerika die Tragödie des 11. Septembers 2001 erlitten hat, sind Menschen bereit, beim geringsten Anzeichen einer Gefahr ganze Gebäude zu evakuieren. Gebäude, die einst als völlig sicher galten, werden plötzlich als mögliche Todesfallen betrachtet.

Leider haben Menschen von Gott oft dieselbe Sichtweise, wie von solchen hohen Gebäuden. Anstatt sich in Zeiten der Gefahr zu ihm hin zu wenden, laufen sie von ihm fort. Wie ich im vorigen Kapitel schon erwähnte, tun sie das, weil sie Gott nicht gut genug kennen.

Wenn meine Ehefrau mit Frauen redet, die unsichere Zeiten durchmachen müssen, erinnert sie diese an eine wichtige Wahrheit: Wenn es Dinge in deiner Lebenssituation gibt, die dir verborgen sind, solltest du dich auf die Dinge konzentrieren, die dir über Gott offenbar sind.

In unsicheren Zeiten ist es für jeden von uns sehr leicht zu meinen, dass unser Herz Ruhe finden könnte, wenn wir nur wissen könnten...

… ob wir wirklich Krebs haben.

… ob unser Ehepartner wirklich untreu ist.

… ob unser Kind wirklich Drogen nimmt.

… ob unsere Investition wirklich ertragreich sein wird, wenn wir in Rente gehen.

Wir begeben uns oft dementsprechend auf die rastlose Suche nach einer Antwort auf diese Fragen und suchen Ruhe für unser Herz. Das Problem hierbei ist, dass wir die

Antwort oft nicht finden können, bis es zu spät ist, noch irgendetwas zu unternehmen. Wie kann unser Herz dann Ruhe finden?

Wir müssen Gott besser kennen lernen – denjenigen, der in seiner Souveränität[17] alle Faktoren des Lebens kontrolliert. Wir können vielleicht nicht sehen, was Er tut oder was Er aus einer Sache machen wird, aber wenn wir ihn gut kennen, kann unser Herz Ruhe finden.

Mut, einem Raufbold zu begegnen

Als unsere Töchter jung waren, hat ein Junge aus der Nachbarschaft gelegentlich jüngere Kinder mit seinen Drohungen und körperlicher Stärke eingeschüchtert. Die Hintertür unserer Wohnung führte zum Spielplatz des Wohnkomplexes, in dem wir lebten. Eines Tages stand ich an der Hintertür unserer Wohnung und sah folgende Szene mit an.

Unsere älteste Tochter spielte im Sandkasten, als ein Raufbold aus seiner Wohnung kam und zum Sandkasten ging. Meine Tochter verließ sofort den Sandkasten, als sie den Jungen näherkommen sah. Sie ging einige Schritte in

---

17 Dass Gott souverän ist, heißt einfach, dass er als regierender König über Himmel und Erde direkt jeden Aspekt unseres Lebens beaufsichtigt. (Psalm 103,19)

Richtung unserer Wohnung bis sie mich in der Tür stehen sah.

Ich konnte fast sehen, wie sich die Gedankengänge in ihrem kleinen Kopf veränderten als sie stehen blieb, einen Moment stockte, und dann mutig zum Sandkasten zurückkehrte. Am Sandkasten angekommen blickte sie hin und wieder zu mir, ob ich noch an der Tür stand. Solange ich dort war, fühlte sie Frieden, sogar in der Gegenwart des Raufbolds.

Ihr Herz hatte Frieden, weil sie wusste, dass ihr Papa stärker war als der Nachbarsjunge. Sie wusste auch, dass ich sie so sehr liebte, dass ich ihr helfen würde, wenn er sie in irgendeiner Weise bedrohen sollte. Genauso fand Davids Herz Frieden, wenn er daran erinnert wurde, dass Gott stärker war als seine Feinde und dass Gott ihn genug liebte um ihn zu retten.

Die Krise offenbart, wie gut wir Gott kennen

Wenn unser Herz in der Zeit der Krise keinen Frieden findet, liegt es daran, dass wir nicht erkennen wie weise und mächtig Gott ist oder wie sehr er uns liebt. In diesem kurzen Buch ist es unmöglich, alle Eigenschaften Gottes gründlich zu erläutern. Stattdessen werde ich einige Bibelstellen aufzeigen, anhand derer du über die Größe und Güte Gottes nachdenken kannst. (Wenn du keine Methode für persönliches Bibelstudium kennst, kannst du die MAP-Methode benutzen, die im Anhang vorgestellt wird.)

Gott ist uneingeschränkt in seiner Macht:	Epheser 1,19-20; Epheser 3,20; Lukas 1,37; Jeremia 32,17
Gott ist uneingeschränkt in seiner Weisheit:	Psalm 18,30; Römer 11,33 Kolosser 2,3; Psalm 147,5; 1. Korinther 1,25
Gott ist uneingeschränkt in seiner Liebe:	Jeremia 31,3; Römer 5,8; Römer 8,35-39

Die Krise offenbart, wer wir sind

Manchmal entwickeln sich persönliche Probleme zu einer Art körperlichen Krise. Wir leiden dann vielleicht an Magenproblemen, chronischen Störungen oder anderen Abnormalitäten.

Vielleicht haben wir vor der Krise nicht angemessen ge-

gessen, uns zu wenig bewegt oder nicht genug ausgeruht. Die Krise enthüllt einen körperlichen Schwachpunkt, der durch den extremen Druck in Erscheinung tritt.

Mit unserem geistlichen Leben läuft es genauso. Wir erleben vielleicht große Verzweiflung, erhöhte Furcht, Wut oder Bitterkeit wenn wir Zeiten der Not gegenüberstehen. Diese Unannehmlichkeiten enthüllen, dass wir nicht angemessen auf unser geistliches Leben aufgepasst haben. Wir brauchen mehr persönliche Auseinandersetzung mit dem Wort Gottes, mehr Zeit im Gespräch mit unserem großen Gott, mehr Hören bibeltreuer Predigten und mehr Ermutigung und Gemeinschaft mit Gottes Volk.

Eine Krise offenbart, wie es bei uns geistlich aussieht. Wenn wir eine hohe, biblisch geprägte Sichtweise von Gott gewinnen, indem wir uns stetig mit seinem Wort befassen, werden wir zum starken Turm laufen und unsere Herzen werden ruhen, denn Gott ist immer genug!

Was du jetzt tun kannst

Ich hoffe du wirst die Zeit der Krise nutzen, um deine Bibel ernsthafter zu lesen, um dadurch mehr über unseren großen Gott zu erfahren. Wenn du körperlich zu krank bist, um deine Bibel zu lesen, rufe deinen Gemeindeleiter oder einen gläubigen Freund an, und bitte ihn dir etwas aus der Bibel vorzulesen.

Wenn du bettlägerig oder an dein Haus gebunden bist, besorge dir einige gute Predigten zum Anhören. Du kannst dir auch gute christliche Musik oder eine Hörbibel erwerben. All diese Mittel sind Möglichkeiten, dir zu helfen, mehr über Gott zu lernen oder dich an die Wahrheit zu erinnern, die du zwar kennst, aber in deinen Schwierigkeiten vielleicht vergessen hast.

Es ist von lebensnotwendiger Wichtigkeit, deinen Verstand während einer Krise auf geistliche Dinge zu lenken. Hör dir einmal an, welche Anweisungen Petrus an die leidende Gemeinde richtete (1. Petrus 1,13): „Darum umgürtet die Lenden eurer Gesinnung, seid nüchtern und setzt eure Hoffnung ganz auf die Gnade, die euch zuteil wird in der Offenbarung Jesu Christi."

„Die Lenden der Gesinnung umgürten" bedeutet, den Verstand auf das Handeln vorzubereiten. Petrus sagt, dass eine Zeit der Krise keine Zeit für trübseliges Denken ist. Darum ist es für uns wichtig, eine erhöhte Dosis von der Bibel, Büchern und Aufnahmen zu bekommen, die uns helfen, biblisch zu denken.

Es ist auch eine Zeit, in der wir unsere Hoffnung auf das setzen, was Gott für uns tun wird, wenn wir in seine Gegenwart eintreten, und wir von den Leiden und Schmerzen dieser Welt erlöst werden. In der Zwischenzeit ermutigt Petrus uns, weiterhin „in der Gnade und in der Erkenntnis unseres Herrn und Retters Jesus Christus" zu wachsen (2. Petrus 3,18).

Du wirst in Gott einen starken Turm finden, wenn du ihn besser kennen lernst. Mögest du die Zeit der Probleme nutzen, um mehr über ihn zu entdecken. Eines Tages wirst du mit großer Freude und Frieden im Herzen in der Lage sein, zu bezeugen: Gott ist immer genug.

Zeit zur Reflektion

Die folgenden Fragen sollen dir helfen, über die in jedem Kapitel vorgestellten Grundsätze gründlicher nachzudenken. Schreibe deine Antworten auf, denn auf diese Weise kannst besser darüber nachdenken.

Kapitel eins – Die Krise
1. Beschreibe die Krise, in der du momentan bist.
2. Kreise die Worte ein, die deine Krise beschreiben:
   vorübergehend   dauerhaft
   verschuldet durch mich   verschuldet durch andere

Kapitel zwei – Die Gefahren
1. Wodurch kannst du „die Wunde weiter infizieren", wenn du in einer selbstbezogenen Weise reagierst?
2. Auf welchen Wegen deiner Krise findest du dich selbst selbstsüchtig?

Kapitel drei – Der Plan
1. Wie würdest du auf folgende Frage antworten, wenn du heute durch eine tödliche Krankheit oder einen tragischen Unfall sterben müsstest, und vor Gott stehen würdest: „Warum sollte ich dich in den Himmel lassen?"
2. Hast du jemals begriffen, dass du vor Gott ein zum

ewigen Tod verurteilter Sünder bist; und hast du Jesus Christus gebeten, deine Sünden zu vergeben und dein Retter zu werden? Wenn ja, schreibe auf, wann das passiert ist.

Kapitel vier – Die Anwendung

1. Was hielt Tim Mahler davon ab, bitter auf Gott zu werden, als er nach dem Unfall gelähmt war?
2. Die Rettung von den Gefahren der Wut, Bitterkeit, Angst und Verzweiflung usw. beinhaltet, dass wir unsere selbstbezogenen Wege bereuen und uns im Glauben Hilfe suchend an Gott wenden. Hast du das in deiner Krise schon getan? Wenn ja, beschreibe wann du es getan hast und was du zu Gott gesagt hast.

Kapitel fünf – Das Ziel

1. Wie kannst du anderen zeigen, dass Gott die wichtigste Person in deiner jetzigen Situation ist?
2. Egal wie schwach wir in Zeiten von Problemen auch werden, so können wir uns doch immer vor Gott demütigen und mehr von seiner Gnade bekommen. Schreibe, wann du das in jüngster Vergangenheit während deiner Krise getan hast.

Kapitel sechs – Das Dilemma

1. Was macht deine Krise zur Zeit besonders schwierig?

2. Jede Entscheidung die wir treffen ist eine Frage des Vertrauens. Wem vertraust du am meisten in deinen Entscheidungen – deinem eigenen Verständnis oder Gott? Beschreibe eine konkrete Situation.

Kapitel sieben – Der starke Turm

1. Von welcher dieser drei Eigenschaften Gottes – Weisheit, Macht oder Liebe – brauchst du ein tieferes Verständnis? Begründe.

2. Was tust du um während der Zeit deiner Krise „die Lenden deiner Gesinnung zu umgürten" [d.h. deinen Verstand auf das Handeln vorzubereiten]? Wenn du hier nichts Bedeutendes tust, was könntest du tun um deinen Verstand besser auf ein biblisches Denken während dieser Zeit vorzubereiten?

Anleitung zum Schriftstudium:
Die MAP-Methode

Suche einen Abschnitt in der Bibel, der über eine Wahrheit spricht, die du gerne besser verstehen würdest, oder einen Bibeltext, der zu deinem Problem passt. Denke über diejenigen Stellen der Schrift nach, die Gottes Geist „markiert", während du in der Bibel liest.

Merken

Das Merken (Auswendig lernen) einer Passage geschieht oft automatisch, wenn die Passage im nächsten Schritt intensiv genug studiert wird. Während einer Versuchung musst du genau wissen was Gott in seinem Wort gesagt hat, Wort für Wort. Wenn wir mit der trügerischen Natur unseres eigenen Herzens kämpfen, ist es nicht genug nur eine ungefähre Vorstellung von dem zu haben, was wahr ist. Ein Mensch, der nicht in der Lage ist sich das Wort Gottes im genauen Wortlaut in Erinnerung zu rufen steht in der Gefahr sich auf seinen „eigenen Verstand" zu verlassen (Sprüche 3,5).

Manche lernen Verse auswendig, indem sie den ersten Buchstaben eines jeden Wortes des Verses aufschreiben. Zum Beispiel steht in Psalm 119,105: „Dein Wort ist meines Fußes Leuchte und ein Licht auf meinem Weg." Die ersten Buchstaben sind D W i m F L u e L a m W.

Die ersten Buchstaben eines Wortes (inklusive der Satzzeichen, wie sie im Text auftauchen) geben genug Hilfe, dass du dich an das Wort erinnerst, da aber das ganze Wort nicht vorhanden ist, ertappst du dich selbst nicht einfach nur beim gedankenlosen Lesen der Worte, sondern wirst zum bewussten Lesen und Einprägen bewegt.

Analyse

Studiere den Abschnitt und bitte Gott, dass er dir durch seinen heiligen Geist ein ganzheitliches Verständnis seiner Aussage gibt. Du kannst sehr intensiv studieren, indem du alle Hauptwörter eines Verses auflistest und dann in einem Wörterbuch ihre Bedeutung nachschlägst. Am besten eignet sich dazu eine Studienbibel, in der du die Bedeutung der zugrundeliegenden griechischen bzw. hebräischen Worte nachschlagen kannst.[18]

Ein ausgedehnteres Studium würde die Benutzung eines Kommentars oder eines guten Bibellexikons beinhalten um mehr über den Autor, die Adressaten und den Anlass des Schreibens zu verstehen. Vor allen Dingen aber: Bete, dass Gott deinen Verstand erhellt. Bitte ihn dir zu erklären, was er dir mit dem Bibeltext sagen möchte.

---

18 In der deutschen Sprache ist z.B. die *Elberfelder Studienbibel mit Sprachschlüssel* dazu geeignet.

Personalisieren

Plane konkrete Veränderungen in deinem Leben, die mit deinem Verständnis der Passage übereinstimmen. Solche Pläne beinhalten konkrete Termine, Schritte und Details. Frage dich selbst: „Wann bin ich dieser Wahrheit in der Vergangenheit nicht nachgekommen? Wo könnte mir diese Versuchung schnell wieder begegnen? Was sollte das nächste Mal die göttliche Reaktion sein, wenn ich versucht werde?" Denke den „Schlachtplan" sorgfältig durch, bevor die nächste Versuchung kommt. Nimm den Bibeltext ins persönliche Gebet. Ein Mensch zum Beispiel, der über Jakobus 4,1–11 nachdenkt, mag sein Gebet auf diese Weise beginnen: „Herr, du sagst mir in Jakobus 4,1, dass das Problem, dass ich mit John habe, das Ergebnis meiner eigenen Lust ist – meines Wunsches etwas auf meine Weise zu tun. Ich weiß, dass dir das nicht gefällt. Anstatt mit Wut auf John zu reagieren, brauche ich deine Hilfe und Gnade, die du in Jakobus 4,6 versprochen hast, als du sagtest, dass du den Hochmütigen widerstehst, dem Demütigen aber Gnade gibst. Hilf mir, mich zu demütigen anstatt stolz an meinem Weg festzuhalten. Ich möchte, dass Du mich erhebst, wenn Du es angebracht findest …"

Grundsätze zur Bewältigung von Krisen

Fühl dich frei, die folgende Karte für deinen eigenen Gebrauch zu vervielfältigen. Bitte kopiere sie wie unten angegeben, mit dem dazugehörigen Copyright-Vermerk.

Grundsätze für schwierige Zeiten

Die größte Gefahr ist immer das Fleisch.

Das Evangelium ist immer die Antwort.

Gottes Ehre ist immer das Ziel.

Gott selbst ist immer genug.